日本居住福祉学会

居住福祉ブックレット

11

ことは ること

地震と住宅再建支援

善博

Katayama, Yoshihiro

東信堂

はじめに

二〇〇〇年一〇月、鳥取県西部地震復興に際して片山善博知事の取った決断は、日本社会に衝撃と感動を与えた。住宅再建に三〇〇万円、修理に一五〇万円を援助するという措置である。その数年前の阪神・淡路大震災の際、日本の政治と行政は一貫して「私有財産である住宅に税金は使えない」と被災者を切り捨て、生きる希望と生活再建の基盤を奪い、大量の孤独死や自殺に追い込んだのと対照的であった。

「安心できる住居は基本的人権であり福祉の基礎である」という趣旨のもとに二〇〇一年一月に発足した日本居住福祉学会は、設立総会でのシンポジウムに片山知事をお招きした（パネリストは他に、輝峻淑子、小田実さん）。その時から、片山知事は日本居住福祉学会の意義を評価し協力を惜しまれなかった。

学会活動の一貫としてひろく市民、行政、その他居住に関心を持つ人たち、あるいは持っていただきたい人たちを対象に、オープン・フォーラムを開催する必要があるのではないか、という議論が学会内部でなされたとき、真っ先に候補にあがったのが鳥取県であった。片山知事の話をゆっきくり聞きたい、被災地は今どうなっているか、視察したいという希望が多かった。それで、知事にお願いしたところ快く引き受けていただいた。

知事の話は、あとのシンポジウムでコーディネーターを務めていただいた村田幸子さん（福祉ジャーナリスト）をしてこのまま放映したいと言わしめたほど、具体的で分かりやすく感動的であった。

日本居住福祉学会は発足したばかりのささやかな存在ではあるが、二一世紀の社会は居住保障・居住福祉が存在しなければ生存も生活も成り立たないという危機感が根底にある。各地の災害のほとんどが住宅の倒壊、延焼、崖崩れ、水害などの「住宅災害」「居住地災害」であること、介護保険制度による高齢者の在宅福祉も住居の貧困のために困難になっていることなど、全国に累積した負の資産の影響は深くひろい。

本書は、二〇〇二年六月鳥取県で開催された、日本居住福祉学会主催「第一回・居住福祉推進フォーラム」での片山善博知事の講演ならびにシンポジウムでの知事の発言（補論1）を編集委員会の責任でまとめたものである。このシンポジウムの全体は、日本居住福祉学会編『知事の決断』（京都修学社・英伝社、二〇〇二年）をご参照いただきたい。

貴重なお話をいただいた片山知事およびシンポジウムでのコーディネーターの労を取られた村田幸子さんにお礼申し上げます。

なお、補論2として、日本居住福祉学会第五回大会（二〇〇五年五月）で発表された浅井秀子（鳥取短期大学）・熊谷昌彦（米子工業高等専門学校）両氏による「鳥取県西部地震における地震災害の住宅再建の公的支援の意味について」を転載させていただいた。また、本文中の写真については、鳥取県庁および白野町の協力を得た。併せてお礼申し上げます。

二〇〇六年八月

「居住福祉ブックレット」編集委員代表

早川　和男

目　次／住むことは生きること：鳥取県西部地震と住宅再建支援

住むことは生きること‥鳥取県西部地震と住宅再建支援

フォーラムで講演する片山知事

一、鳥取県西部地震の体験

本日は、皆さま方の「日本居住福祉学会」で基調報告をする機会を与えていただきまして、大変ありがとうございます。

せっかくの機会ですので、居住という問題について、私どもが鳥取県西部地震の際に体験したことを基に、居住がいかに大切なことであるかを痛感した、そのことを中心にお話しさせていただきます。

死者ゼロという奇跡

ここ鳥取県は、一昨年（平成一二年）一〇月六日に最大震度6強、マグニチュード7・3という大変大きな地震に見舞われました。これはあの阪神・淡路大震災に匹敵するほどの大きな地震でした。一つだけ幸いにも違いましたのは、死者が一人も出なかったことです。奇跡的といっても過言ではないかと思います。これは大変ありがたいことで、幸運というか、こうした最大の奇跡に対して、感謝しなければなりません。

私は三年少し前に知事に就任しましたが、自治体の長を仰せつかる以上、阪神・淡路大震災のような災害に備え、県民の生命・身体・財産をいかに守るかということに、十分注意を払ってまいりました。

怠りない準備があった

阪神・淡路大震災のように、兵庫県が特にというわけではなく、当時は、やはり客観的にみて、全国の自治体が災害に対して、あまりにも無防備であり、なんの準備もしていなかったことは、否めない事実であります。

そんな中、もしこの鳥取県で同じような災害が発生した場合は、被害をゼロとはいかないまでも、それを最小限に抑えることが、行政の取るべき政策だ、と準備を怠らなかったのでありました。それがまず第一に幸いした、と今もって自負しております。

鳥取県の防災ヘリコプターで県立根雨高校(現日野高校)のグラウンドに降り立つ片山知事

防災の機構、組織の強化を図る、その上でスタッフと、マニュアルの点検と整備、それから、防災関係機関、たとえば自衛隊とか消防機関とかと連携を取って、合同で防災訓練をやったりもしました。そんなことがあり、他の幸運にも恵まれ、犠牲者はゼロということになりました。幸運でした。

直ちに防災対策本部設置、現場視察へ

それはそれでよかったのですが、現地に入ると住宅は倒壊、屋根は飛んで家は傾いている。このままではとうてい住めない、そんな家ばかりでした。

こんな時に、一番大事なのは被害の状況をいち早く把握することと考え、早速県庁の幹部職員と、毎日のようにヘリコプターで現地に通いました。

県庁にはその日のうちに、災害対策本部を設置しました。刻々と集まる情報を瞬時に分析して的確な判断、指示を下し処置を講じました。その上で、やはり現場を見ることの大切さを痛感しました。

当たり前のことでしょうが、道路が寸断されている、いくつもの大きな岩が道路の通行を妨げている、崖崩れがある。だがこんなことは迅速に対応することができる。一見すれば誰にも分かることです。しかし、現場に降り立っただけではすぐには把握できなかったものがありました。

災害に遭った人たちにとって本当に必要なものは何だろうか、何を求めているのだろうか、一番大切なものは何か、ということであります。

県西部地震の住宅被害状況（数字は棟）

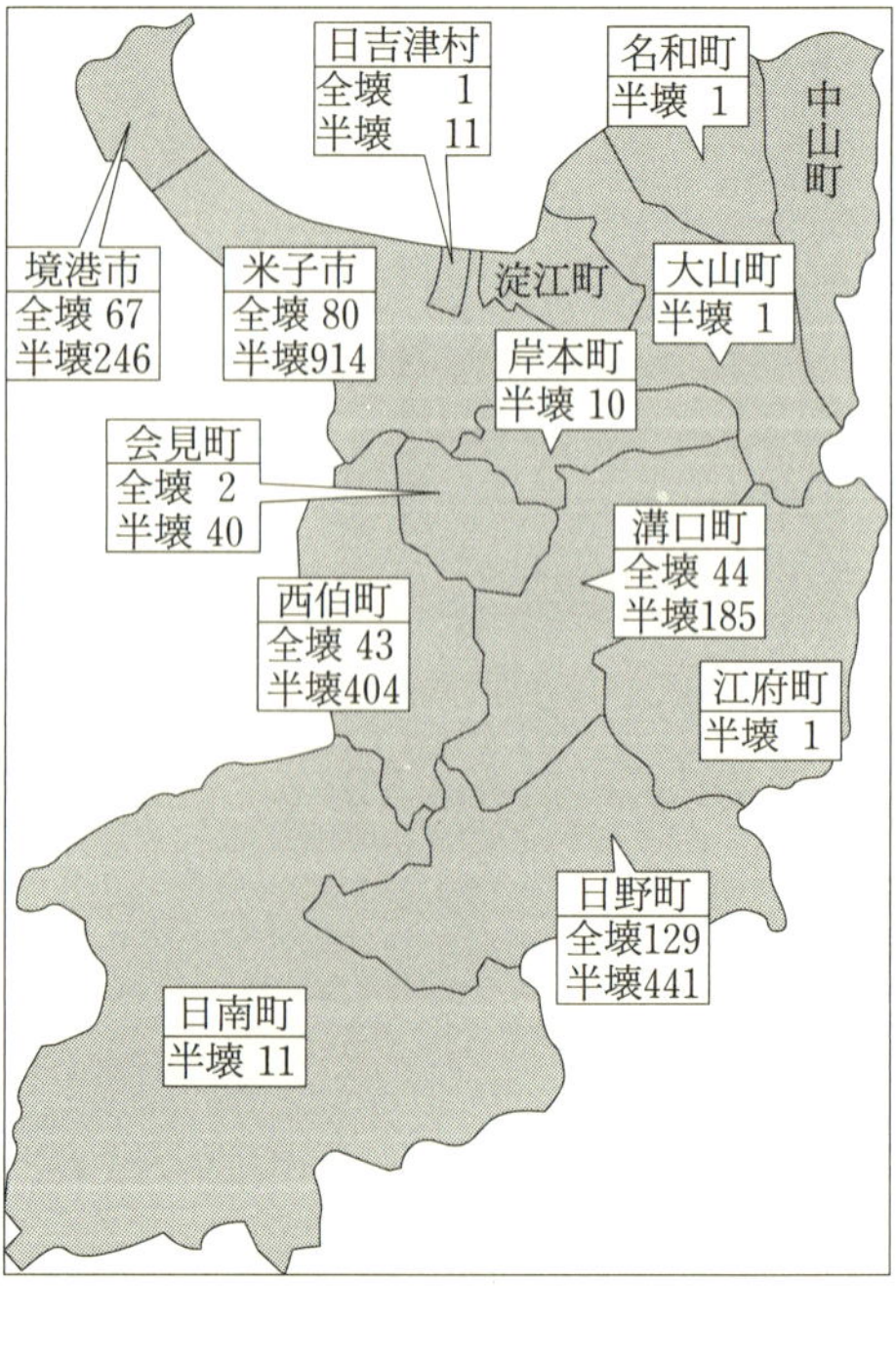

被災者のいい知れぬ「不安」

それはいい知れぬ不安……。「不安」を抱えているということ、そのことが最大のものでした。現地に入った私の一番印象に残ったことでした。

被災地に行くと、今回の地震は総じて高齢化、過疎化が進行しているそんな地域ですから、大半の被災者は高齢者でした。私が現地に行くと、それぞれの避難所とか、壊れていない知り合いの家に身を寄せておられるお年寄りが、ぞろぞろと出てこられます。

「いかがですか」

と聞きますと、皆さんは本当に元気よく話してくれます。家が大きく壊れて、箪笥や食器棚が倒れて壊れ、家の中がぐちゃぐちゃになったとか、そんなことから始まります。でも命からがら家の外に出て助かった。誰それさんに助けてもらったとか、そんな報告でした。本当に皆さん、予想外に元気だなぁと思いました。着の身着のまま避難所に来ている人ばかりなのに、意外と明るいな、というのが私の第一印象でした。

「この先、どうなるんだろう」

しかし、それは表面的なことであって、その後だんだん話を進めてゆくと、やはり一番気に掛かっていることに到達するのです。

それは、何か。

今後ここにちゃんと住み続けることが出来るか、ということに尽きるようでした。

皆、その地域に住み続けたいと願うのです。これまでずっと長い間住み続けてこられた方がたばかり。当然といえば当然な話ではありませんか。

たとえば男性で、そこで生まれて七〇年なり、八〇年なりという方ばかりで、女性も結婚して新しく移り住んでかれこれ四〇年、五〇年という人がほとんどでした。これまでも、そしてこれからも一生住み続けるであろうことを前提に、人生設計を立ててこられた方がたでした。

それが一〇月六日（平成一二年）、午後一時半に起きた大地震によって一瞬にして壊れようとし、これからも本当にそこで平穏に住み続けられることが可能なのだろうか、このことが一番の「不安」であったことは、もう想像に難くないのでした。

「この先どうなるんだろう」

もちろんこれは知事の私にどうこうしろと言われたのではなく、自らの「不安」から自然に出た言葉でした。

家が壊れているから、もう住むことはできない。ペシャンコだったり傾いていたり、このままでは絶対住めない。

私は早速、危険度調査をし、それぞれを分類しました。建築の専門家が、レッドカードやイエローカードでランクを付け、まあまあ大丈夫だろうと判断した家にはグリーンカードを貼ったりもしました。

高齢者に改修は困難

余震もまだ続いていて、なおも不安を募らせます。いずれにしても建て替えるか、修繕するしかない。じゃあそうすれば話は簡単かもしれないが、たとえば七五歳前後のご夫婦で家を建て替えろというのは、これはかなり困難が予想される。修繕でも同じで、屋根が飛んだ、しかし瓦を葺き替えるくらいなら、大して費用も掛からないのではと私も思いましたが、これは素人考えでした。この被災地域は冬は雪が深く屋根も瓦も頑丈にされていて、聞いてみるとこれが結構費用が掛かるんです。三〇〇万円、少なくても二〇〇万円とかね。これは被災されたお年寄りには大変だ、かなり厳しいものがあるなと。七五歳にもなれば銀行ローンも組めないし金融機関は貸してくれません。よほどしっかりした担保があるとか、保証人がちゃんと付いてるとかの条件があれば可能かもしれませんが……。じゃぁ自己資金はといえば、大体が年金暮らしの方がほとんどですから、右から左へと建築資金や改修資金が捻出できる人は少ないわけです。

倒壊した家屋（日野郡日野町）

やはり、ここに住み続けたい　そんなことを考えると、この先どうしようか、でもこのままでは元のように住めませんよ、という結論になってしまう。そんな時、その老夫婦には東京とか大阪の都会に出ておられる息子さんとか娘さんとかがいて、被災された親御さんに対して、

「私の家にきて一緒に暮らそう」

と言われた人がずいぶん多かったようです。

「それはそれで、大変ありがたいし、嬉しいのですが――」

またそれで、おじいちゃんおばあちゃんは悩むんですね。せっかく息子たち夫婦がそう声を掛けてくれるから、最後は行かなくてはならないかもしれない……。

けれど、やっぱりよく考えたら、行きたくない、ここに住んでいたいというのが本心のようでした。嫁姑で気を遣《つか》うのもお互い窮屈だし、もうこの歳になって周りの住まいの環境がガラッと変わるのはごめんだ、とそんなことに対する不安、これが一番大きかったと思われました。

若い人なら、新天地で生活を再建する、ある種の希望なり期待が湧くのかもしれません。でも七〇年以上も同じ所に住んでいれば、まったく見ず知らずの所に転居して、新たに人間関係を結ぶというのは、容易なことではないと私自身も思います。

そういうことに対する不安が、視察し始めたころ、もう早くも充満していました。

お年寄りの皆さんは、私の前で本当に泣かれて、息子の所へ行くか、いや行きたくない。ここに住み続けたい。でも家がこんな有様ではどうしようもない。どうすればいいんだ。そんな心の揺れが、手に取るようにひしひしと伝わってきました。

「住宅」が復旧のキーワード

その時、分かったのです。住宅というものが、被災地を復旧する一番のキーワードなんだ、と。

道路とか河川、橋だとかの災害復旧も大きな柱としてももちろん当面の課題ですが、今回の災害の復興には、住宅を建て直す、これを復興、復旧することこそが最大の仕事なのだと、その時私は直感したのです。これこそが被災に遭った県の知事として取るべき最大の方策だ、と。

現に、避難所にさえ出てこられない方もいる。壊れた家には住めないはずなのに、それでも出てこない。ではどこで暮らしているのかといえば、ビニールハウスで寝泊まりしているらしい。

「牛の世話は誰がしてくれる？　永年一緒にいた牛のためにも、自分が避難所に行くことはできない。」

住み慣れた住宅とは、ただ自分ひとりの問題ではなく、牛の世話もそうですが、その土地に定着することが、いかに根強く、大切でかつ重要であるかということを、この震災で痛感させられた次第です。

女子職員の涙

震災から一週間ほどして、再び私は二巡目の視察へと現地に向かいました。その頃には避難所から家に戻ったり、身の周りの世話をしたりして生活の再建を図る余裕、一種の意欲というか力が、人びとに湧き出てきている時期でした。

とある役場の住宅相談窓口で、一人の女性職員に、

「その後、いかがでしたか」

と尋ねましたら、

倒壊した家屋（日野郡日野町）

「年老いたおじいちゃん、おばあちゃんが夫婦で、家が壊れたけれど、行政で支援してくれる何かよい手立てはないだろうか、補助金などはないのだろうか、何とかならないか、と言って役場に来られるんですよ。」

しかし、その職員さんは、大工さんや工務店を紹介したり、町営住宅の空きがあれば斡旋するしかない。

実際に自力で住まいを建て直そう、改修しようとする人に、資金援助するなどの手を差し伸べる手立ては何もない、メッセージすら与えることができない、と言うのです。

その女子職員は私にそう説明する間にも、顔をクシャクシャにして涙を流し、

「知事さん、もう耐えられません。本当に気

の毒で可哀相なお年寄りばかりで……。何とか自分も助けてあげたいと精一杯ですが、何もしてあげられないんです。何かそんな自分が町役場の職員として歯がゆくて惨《みじ》めです。どうにかなりませんか、知事さん」

と言って、その職員さんはさらに泣き崩れてしまったのです。

その時、私も思わずもらい泣きをし、

〈やっぱり住宅、居住というものが人間が生き、生活する上で一番基本となるのだ〉ということを、再認識したのでした。

私は災害を被った鳥取県知事として、阪神・淡路大震災の際にも成し得なかった、住宅再建の支援というものを、事実、今回のことで全国に先駆けてやりましたけれど、実はいろんな障害があったのです。それは後ほどお話しします。

ですが、その障害を乗り越えてでも、住宅再建の手助けをしよう、支援をしようと最終的に決断したのは、その女子職員の涙を感じ、その役場の幹部から実情を目の当たりに聞くにつれ、これは絶対にやろう、必ず実行しようと心に決めたのでした。もう私に迷いはありませんでした。

二、住宅再建支援への取り組み

高齢被災者の率直な気持ちは…

その後も、私はいろんな方に会い話を交える中で、もし自分が目の前にいる被災者だったら、いったいどういう行動を取るだろうか。

私は当時四八歳でしたから、まだまだ元気で、おそらく住宅が倒壊しても、この歳ならば、再建も可能だと思ったに違いありません。でも年齢も境遇も、目の前の高齢の被災者と同じだったら、自分はどう行動するだろうか、ということを常に考えていました。きっとこんなに壊れた家を直す元気などない、そんな気力も資力もない。

幸い私には六人も子どもがいるんだから、誰か一人ぐらいは面倒を見てくれるのではないか、と……。

シェイクスピアの戯曲『リヤ王』に、子どもが何人もいて、老後になって皆のもとを順に巡っても、誰もが邪険にして、親切にしてくれない、という話がありました。

しかし私は、六人中一人くらい親孝行者がいて、そこに身を寄せるしかないんだろうなぁ。でも七五歳にもなって、いまさら大都会の息子夫婦の所へ行くのは、やはり嫌だと正直思いました。

これが、私の目の前にいるおじいちゃん、おばあちゃんの率直な気持ちだろうなあと思いました。ならばその気持ちを大切にして、希望が叶えられるような老後、人生の最期を飾らせてあげるようにしたい、これが私の思いでした。

そんなことがあって、住宅再建支援というものを、是非やりたいと考えたのです。

住宅再建支援制度がない！

すでに災害直後から「住宅」がキーワードだと考えていたものですから、職員に住宅再建を手助けする仕組みを調べてくれと指示しておりました。しかし、いくら調べてもそんな手立ては、どこにも何もありません、という答えが返ってきたのでした。日本の現行の制度では災害に遭った時、個人の住宅再建を支援する仕組みなどはありません、ということでした。

そんなはずはないだろう、災害復旧に対して日本ではかなり手厚い仕組みが用意されているはずだから、ちゃんと調査し直すよう苦言を呈しました。阪神・淡路大震災時に、そんなことはきっと議論になっているはずだろうから、兵庫県とか神戸市に問い合わせてみては、とも言いました。

ですが兵庫県庁や神戸市役所からも、〈そんな制度はないので、当方もずいぶん困りました〉との答えが返ってくるだけでした。

唯一あるとすれば、住宅金融公庫の低利融資ぐらいでした。確かにそれは民間のローンよりも低利でしたが、これは借りられる者だけにしか適用されない制度です。借りられない人にすれば、いくら低利だろうが無利子だろうが、意味がありません。私は、このような大災害に遭って住宅再建支援制度すらないのは、現在のわが国では変だなぁと思いました。

個人住宅に国は冷淡

そんな時、私は災害対策本部長として陣頭指揮に立ち、道路を直す、崖崩れを止める、壊れた橋を架け直す、港や空港を整備するなどし、それらについては政府の支援を仰ぐことができます。

県だけでこれほどの公共施設の復旧を成し遂げるのは、完全にお手上げ状態です。そのことは

壊れた道路（日野郡日野町）

本当にありがたいと認識しております。

ですがそれだけになおのこと、住宅再建支援に関して何もないのは、やはり変だなぁ、と感じたのは率直な思いでした。政府の政策全体が公平さを欠き、バランスが取れていないのではないでしょうか。

道路や崖崩れ、河川や橋、港や空港など公共施設を直すのと、個人の財産の面倒を見るのとは違うのだという、政府のいうことが分からないでもないのですが。

われわれが納める税金は、公共目的を達成するための税金であって、これをプライベートに使うのは間違っているというのです。それはそう、分からないでもない。

それはそれで国の言い分とすれば、理屈には適っているのでしょう。だろうけれども私は、やはり変だなぁ、一方では仮設住宅があって手厚い制度で守られて、阪神・淡路大震災でもたくさん仮設住宅を造ったはずです。あれでも一戸三〇〇万円、用地代を入れれば優に平均四〇〇万円は掛かったでしょう。なのになぜ、本物の住宅には冷淡なのか、疑問に思ったものです。

仮設住宅についてのルールはおかしい

というのは、仮設住宅はいずれは壊すもの、いや絶対壊さなければ違法になる、というのです。おかしいじゃありませんか。要するに壊すものなら補助金は出すが、壊さないことが前提なら補助金は出さないというのです。変じゃないですか。皆さんもそう思いませんか。

私はその時、考えました。壊れた家の敷地内に、仮設住宅を造れないか。鳥取県の場合、都会のように小さな家が密集しているわけではないので、公園や学校の校庭を潰《つぶ》すこともないし、自らの田畑を占領することもないんです。その人の敷地に仮設すれば事が足りるはずです。だからトータルコストは相当安くてすむわけですね。場合によれば、大切に使ってもらえて、資源の有効利用にだって一役買えるのでは。

答えは、絶対駄目でした。仮設はあくまでも仮設で壊すことが大前提、誰かが自分の所有物として利用し続けるのは、違法となり、絶対に駄目。壊さないものには補助金は出さないというこ

被災住宅への復興支援の動き（『読売新聞』2001年１月１日）

10月 6日	県西部地震発生　2000棟以上が全半壊　県庁に災害対策本部を設置
7日	片山知事が被災地を視察
8日	県庁で住宅再建支援の検討開始
10日	利子補給を柱に検討進む　片山知事が50億円を専決処分
12日	住宅再建支援の素案完成
14日	支援制度の骨格固まる
16日	片山知事上京　国に支援制度説明
17日	制度最終決定　記者会見で発表
19日	超党派の国会議員が「被災者住宅再建法案」の要綱まとめる
26日	日野町に仮設住宅　入居開始
11月 2日	県議会が40億円の住宅再建補助金を盛り込んだ補正予算案を可決
23日	住宅再建支援補助金の適用第１号となる建て替え住宅が着工
12月11日	片山知事が自然災害により被災住宅を支援する独自の基金創設提案
14日	県住宅供給公社が米子の住宅団地に液状化対策助成金の支給決定

となんです。

もう一つは、個人の敷地では駄目だというのです。それはパブリック、公共利用のできる所でなければならない、個人の敷地なら独り占めされる可能性があるというんですね。

税金を使うんだから、一個人が独占してはいけない、用途があってもあくまでも仮設なんだから解体する。まぁ理屈は通ってもいいましょうが、何か釈然としない。その人の敷地ならば利便性もあるはずで、何かと楽だし便利だと思うんです。

確かに税金を使うのだから、パブリックなものに注ぎ込むとの大前提がある。正直言って、政府はそれらのことにはまったく惜しまない。

しかし、鳥取県の被災者はほとんどが高齢者でしたから、その地域の皆が去っていったら、それは何だったろうかと。大金を注ぎ込んで道路や橋を直して、あぁ、よかった完成したなと思ったら、住民がいなくなっていた。笑い話にもならないですよ。財政上のルールは守ったが、地域は守れなかったということになりかねません。

政府は、それでもいいと言うのですが、やはり変ですね。地域を守ることは、極めてパブリックなことだと私は思います。何もしないで手をこまねいていたら、人はいなくなっていた。これはパブリックではありません。一見プライベートに税金を費やすことにはなったとしても、そのことによって人が皆これからも住み続ける、そうして地域を守っていくことになる、強いて言えば、これこそがパブリックな目的を達成したことになるんではないだろうか、と。

国は住宅再建支援をさせない

というのは、鳥取県は農村地帯ですから兼業農家も多い。農地というのは全体が一つのシステムとして機能しているのです。

たとえば用水路が途中で崩壊すれば下流も困るのです。それまで皆で維持してきたのに何人かが、もう辞めたと出ていってしまう。すると不耕作地となって、下流水域も困って、やがては同じことになって全体のシステムも破壊されかねません。皆で守ることがやはり大切なわけです。ということはそこに住み続けることが、本当はパブリックにつながるのだと私は思うのです。

よってその手段として、住宅、個人の住宅を再建するに当たって、行政が支援すること、このことこそが理に適っているのではないかと判断したのです。

行政というか、国は非常に冷淡でした。

一〇月六日に地震があって、一七日にはこの住宅再建支援制度の創設を公表することにしたのですが、その前に霞が関の関係官庁へ、その報告に行きました。それまでにも一応そういう情報は電話で伝えてあったのですが、とにかく凄い、あまりにも強い反発がありました。

そんなことは出来ないし、またしてはいけない。なぜなら、これこれこういう理由だと綿々と綴られたFAXが止め処《とど》もなく流れてきていました。

いろんなことが書かれていました。そんな長ったらしいのをほとんど読んでいる暇はありませんでしたが、とにかく駄目だ、させない、ということだけは分かりました。

「出来ない」というマインドコントロール

私は根回しというのは好きでないし得意でもありませんが、ここはもう上京して仁義の一つも切るしかないと思ったのです。案の定もの凄い猛反撃を受けました。

政府に補助金を出してもらえることはまずないだろうから、そんな期待はしていませんでした。鳥取県も決して裕福じゃぁないが、これまでの貯えで、なんとか住宅再建支援をやろうと思っているといったのです。

しかし政府はそんなことはしちゃぁいけないし、させない、憲法違反だと言うのです。私は霞ヶ関の役人の真意が分からず不思議でした。

「何が憲法違反だ。私だって昔は憲法を勉強したが、第何条にそんなことが書いてあるんだ、どこを探せば都道府県が、住宅再建支援の手助けをしちゃぁならんと書いてあるんだ。むしろ憲法第二五条には基本的人権の尊重とある。住宅支援がいけないとは何条にあるんだ、言ってみなさい」

と、私もつい興奮して声を荒げてしまったものでした。

これに対して政府は、私が主張するように、憲法にはそんなことを禁ずる規定はなく、具体的には書いてない。けれど財政上のルールで憲法はそれを許してはいない。

まあそんなことなんかを言われたように思います。

だけど日本は法治国家で、法律に基づいて行政を行うわけで、具体的に実例を挙げてあれば私も従わねばなりませんが、そんなことは法律にはどこにも書いていない。霞が関の役人の勝手な思い込みだろうから、

「皆さん、どうかマインドコントロールを解いてください」と、ハッキリ言いました。

この時に分かったのは阪神・淡路大震災の経験がトラウマになっているんですね。当時、迂闊にも私は知らなかったのですが、あの頃は、やはり住宅再建に手を差し伸べて欲しい、と非常に強い要請、圧力があったと聞いています。

それに対しても政府や兵庫県はちゃんと対応出来ていない。気の毒だけど、憲法上、法律・財政上のルールだから、してあげたいけれど、出来ないという返答をしてきたようです。

それはまやかしだと思うんです。やりたくても金がない、本音を言えばそんなことはやりたくないんだと。これではあまりにも品がなさ過ぎるので、制度上無理だとして、論理を摩《す》り替えていただけなんです。そう思いました。

役人は出来ない、出来ないと何度も言っているうちにそれを信じ込んでしまって、自らがマインドコントロールに掛かってしまっている、どうもそのようなことでした。丹念に法律を調べる、

憲法も綯《ひもと》く、他の規定も見る。調べれば調べるほど、政府の言うようなことは根拠がなく剝がれてゆく。後に残ったのは、やはり、〈膨大な金が掛かるからとても出来ない、やりたくはありませんよ〉

本音はそういうことだったようです。

霞が関の《嫉妬》

鳥取県の場合、幸いなことに、神戸のような人口密集地でなかったために、やろうと思えばまだやれた。

やりたくないではなく、私は先ほども言ったように、目の前のお年寄りたちのこれからの生活を支えてあげたい、やってあげたいという発想でしたから、法律上の制約がなければ、これは出来るという判断をしたのです。

余談ですが、なぜ霞が関がそんなに冷淡かをよく考えてみると、阪神・淡路のマインドコントロールの影響のほかに、もっと別の理由がある、と最近思っているんです。

それはひょっとして嫉妬ではないかと。

嫉妬……。

それはどういうことかというと、私もかつては霞が関にいたのですが、役人にとって住宅問題というのは、個人的には非常に深刻なんです。

彼ら官僚はほとんど家を持っていません。東京で家を持つっていうのは大変なことなんです。その多くは国家公務員住宅で暮らしているのです。狭いし、地下鉄で長い距離と時間をかけて通勤し、私もそうでしたが、我慢して仕事をしているわけですね。

そういう実体験からして、個人の住宅支援なんてとんでもない、自分たちだって我慢しているのに何を考えているんだと。そんなに住宅が必要なら、災害復興住宅とか、町営住宅に入ればいいじゃないか、とたぶんこう言いたいのだと思うんです。

ですから、道路や橋なんかには暖かい手を差し伸べてくれるのですが、個人の住宅に冷淡なのは、どうやら霞が関の人たちが、自分の実生活、実体験と照らし合わせて、そういう物差しでもって評価、判断をしているんではないか、と最近思うようになりました。というのは、個人の財産に手を差し伸べてはいけないというが、実はそうでもないケースが結構あるんです。

個人農地には災害支援

地震でなくても、災害があって農地が潰《つぶ》されたり破壊されたとしますね。で、これを復旧させるためには、ずいぶんと手厚い制度があるのです。

農地だって個人所有だし、昔のソ連のコルホーズ（kolkhcz ロシア）やソノホーズ（sovk□oz ロシア）のように国営農場や集中農場じゃありません。個人の財産であっても、農地ならば災害復興の対象になって補助金がもらえるのです。政府が言うように、個人の財産に対して税金を注ぎ込むことはまかりならんとは、真っ赤な嘘なんです。現実にはそんなことには補助金をどんどん出しているのです。

農地と住宅の違い、その尺度は何だろうか。

答えはこうです。霞が関の役人は今はそうでもありませんが、以前は農村の出身者が多くて、農地に関してはよく理解できるんです。自分の故郷のあの農地が壊されたら、直してやらなりればと共感するわけですよ。でも住宅となれば、先にも言ったように、自分たちがこんなに苦労して、まだ家が持てないでいるのに、なぜ他人の住宅の支援をしなきゃぁならんのか、とつい個人的な本音が出てしまう。

まぁ、こんなことが、住宅に対して国が冷淡なことなのかなぁ、と思ったりもしました。

ともかくそれは余談として、いろんな経過もあって鳥取県としては住宅再建支援を実施することにしました。

ついに「再建支援」発表

一〇月一七日は、そのことを記者発表することにしましたが、当日は本当に不安でした。

「住宅再建支援をします。建て直す人には三〇〇万円……。これは同じ町内の現地に、これまで住み慣れた所に建て直すことが前提です。東京にいる息子宅の横に離れ家を建てるというのは対象外です。地域を支えるための支援ですから、同じ理由であれば修繕も支援します。修繕には一五〇万円を限度として、その一定割合を支援します」と、まぁこういうことにしました。

でも不安がありました。どういう不安かというと、いったいどれくらいのお金が掛かるのか分かりません。この時期には、まだちゃんと調べがついておらず、五〇億円掛かるのか一〇〇億円なのか、二〇〇億円なのか、皆目見当もついていませんでした。

それからもう一つは、現地でそれぞれの認定が、正確に出せるのだろうかということ。たとえば修繕補助にしても、いったいいくらで見積ればいいのか、ことによれば地震発生の前から壊れていたのに、この際地震にかこつけて、ちゃっかり補助金をもらって直そうっていう人がいるのではないか。

そんな不正を見落とせば不公平ではないかとか、役場の人がきちんと認定するのに苦労するんではないかとかですね。

日野町役場で生田芳正町長（当時）（左）から報告を受ける
片山知事（中央）右端は渡口潔土木部長（当時）

いろんな不安が渦巻いていました。

また政府に反してこんなことをやれば、後でしっぺ返しされるのではないか。江戸の仇は長崎で討つってこともあるので、本当に不安でしかたがありませんでした。

こんなに不安を感じたことは、私のこれまでの人生の中ではありませんでした。あれだけ自信があったのに、すごく戸惑いがありました。けれども、もうやるしかないから、皆で頑張ろう、さぁやろうと気合いを入れ、頑張ったんです。

だが記者発表の直後は、本当にこれでよかったんだろうか、日本中で孤立無援になるんじゃないかと思ったりしました。

現場では制度がうまく作動しないで、行き詰まってしまうんではないだろうかなどと、財政がパンクするんじゃないだろうか、本当にその日は大変不安でした。県の職員も私のことをよく見ていてくれて、

「知事さん、本当に疲れた感じですね、体は大丈夫ですか」と言われたこともありました。

肉体的っていうより、精神的に疲労を覚えました。

被災地に元気が蘇る

ですが、次の日からその不安はなくなりました。

住宅再建支援の発表を受けて、事態がずいぶん変わってきたからです。

被災地にすごく元気が出てきたのです。

それまで、これから自分たちはどうなるのかと不安にかられていた被災者たちに、何か元気が蘇ってきたのです。

〈行政がそこまで手助けしてくれるんなら、自分たちも、さぁこれから頑張ろうじゃぁないか〉

という意欲が湧いてきたわけです。

それは最大のメンタルケア

後で聞いた話ですが、現地でずっとメンタルケアをしていただいている、精神科のチームのお医者さんから、

「とにかく住宅再建支援のメッセージを発したことが、最大のメンタルケアでした」

とおっしゃっていただきました。

「ああ、そういう効果があったのかなぁ」

と私は思いました。

災害で皆が不安な時は、大げさではなく、絶望しかねないわけです。絶望するかもしれない人たちがいっぱいいるんです。

その絶望を希望に変えるということ。これが災害の復興に当たっては、ずいぶん大切なことだな、と私はその時に知りました。

それが一つと、それから思わぬ援軍がありました。

神戸から拍手喝采の援軍

あの神戸から、拍手喝采が寄せられたのでした。私もよく知らなかったのですが、神戸でもこの公的支援を要請する声が、これまで五年も六年も問題になっていて、それに対して行政は何も応えていない、とのことでした。

それが長い間ずっと尾を引いていて、神戸の人たちから、その気になればやれる、住宅再建支援だってできるじゃないか、との拍手喝采が私たちの許に寄せられてきたのでした。これは、大変大きな力となりました。

私は、この制度の実施を決断して本当によかったなぁと思いました。

復興は順調、人口流出なし

その後、復興は大変順調に推移しており、今ではもうほとんど復興しています。地震で被災者、特に高齢者は大きく打ちひしがれて、にっちもさっちもいかなくなったのですが、それでもたとえば、県外に住む息子さんの許に身を寄せるとかの人口流出は、ほとんどありませんでした。

いろんな事情での数件の例を見ただけで、皆無といっても過言ではありません。私たち行政に携わる者にとって、このことは本当にありがたいことなのです。

こういう大きな災害に見舞われたら、やはりある程度の人口が減っても止むを得ないと思っていましたから。

元気を出していただいて、被災者の一人ひとりが住宅を再建したいということで頑張っていただいたこと、大変ありがたいことです。

三〇〇万円では住宅は建たないじゃぁないかと言われる人もいました。それはそうでしょう。三〇〇万円では足りません。五〇〇万円で小さな家を建てたお年寄りがいましたが、それぐらいは独り暮らしの場合でも最低限必要です。

それまでに貯えをお持ちの方や、県外に住んでるお子さんから援助をもらわれたりということも聞きました。

また中には、それまで空き家にしていて都会に出て暮らしていたが、老後のことを考えて、行政が援助してくれるのなら、この際それで家を修繕して元の古巣で暮らそうと、帰ってきた人もありました。

先ほど数件の流出があったと言いましたが、逆に数人が戻ってこられたので、そういう面で、人口はこの地震が原因では、ほとんど減っていないのです。ありがたいことです。

三、災害復興は何が重要か

原則は元通りにしてあげること

こんな災害は自分自身では、初めての体験です。冒頭にも申しましたが阪神・淡路大震災の教訓もあり、万が一の不測の事態に備えて、いろんな準備をしてきました。それもすぐに遭遇するからと思ってやったわけではなく、念のためにやっていたことなんですが、まさか私が知事に就任して、一年半でこういう大きな災害に見舞われるとは、思いも寄りませんでした。

自分のこれまでの人生の中で、今回の災害復興は、本当に一番気合いを入れて当たったことでした。このことを通じて、私自身多くのことを学びました。県庁の職員も学びました。

いろいろありますが、災害復興に当たって何が一番重要かと問われれば、もう迷わず、それは出来る限り元通りにしてあげること、元通りに近づけてあげること、このことに尽きると思います。

完全に元通りにはなりません。ですが出来る限り、元通りにしてあげること、これが一番だろうと思います。

復興は二百年後の人のためではない

よく大火があったり、地震があると、この際だから今まで出来なかった街づくりをしようと、区画整理をしたり再開発を計画したりしがちですが、私は、それは間違っていると思います。

もちろん災害があると、百年後を見通して、いい街づくりをしようというのは、やりやすいんです。だから行政も、ついついやってしまう。

百年経ち、二百年経ったら、ああ、あの時の復興に際して、いい街づくりをしておいてよかったなぁ、とたぶん思ってもらいたいのでしょう。

ですが復興というのは、百年後、二百年後の人のためにするんじゃないのです。災害復興は目の前で被害に遭った、今、ここにいる本当に困窮を極めている、泣いている、その一人ひとりのお年寄り、住民の皆さん、そういう人たちのためにするべきであって、百年後や二百年後の人のためじゃないのです。その辺が都市計画や街づくりと災害復興を混同して考えがちなのです。私はやはり間違っていると思います。

今、困っている人のための復興

災害復興というのは、第一に考えなければならないのは目の前にいる人、今、本当に困っている人たちをどう手助けしてあげられるか、ということだと考えています。

その考えからすれば、絶対に元通りに近い姿にしてあげることが、第一だろうと思います。鳥取県の地震は、まさにそういうことでありました。

たとえば傾斜面に建っていた家の石垣が壊れてしまって、もう住めないなんてことがずいぶんありました。石垣の石が下の方に落ちていて、危なくてどうしようもない。

さてどうしようか。

急斜面で危険だから、もうそこには住まないようにして、この際だから他所に移ってもらおうという意見もありました。が、しかし、やっぱりそこで長い間住んでこられたのも、一つのシステムなのでしょうから、なんとか住めるように支援をすることにしました。お蔭で皆さん住み続けています。でも、そういう国の補助制度は一切ありません。

そんな時、その土地を公共事業とか国の補助制度を適用できるようにして、行政が買収してしまう。

危ないからという理由で住めないようにして、移転補償費を出して、どこかに移ってもらうという解決の仕方です。大体がこうした方法です。

私は、これはやはり間違っていると思います。

本当に危険な所ならば別ですが、直して住めるのであればちゃんと元通りにしてあげる。当事者の意志に従って、その方がいいのではないかと考えます。

ダム中止による
リザーブを活用

こうしたことでお金もずいぶんと掛かりましたが、県として少し余裕があったのは、地震の半年前に、一つのダム建設を取り止めているんです。

鳥取県中部ダムといって、その建設計画中止していたのです。

鳥取県では、脱ダム宣言なんてのはしていませんが、ある調査に基づけば、どうもこれは無駄だということが分かったものですから、止めました。

建設費が二四〇億円だったんです。ダムに代わって治水整備や、洪水を防ぐためなどの、ダム以外の手法でやる場合には、三〇～四〇億円ですんだものですから、二〇〇億円くらいがリザーブできていたのです。もちろん現金をそれだけ貯めたわけではありませんが、使おうとして使わなくてすんだ二〇〇億円でした。

地震に際してこれまでにも例がなく、政府からも、やっちゃぁいけないと言われ、反対された住宅再建支援でしたが、このようなことに使うのなら、先鞭を切っても罰は当たらないのではないか、とそういう余裕はありました。

この鳥取県中部ダムというのも、実はいろんな問題がありました。かいつまんで話せば、県がダムを造ることを前提に、当該地域の振興計画とか移転補償とかを、全部計画していました。これは昭和四八年からの計画だったのですが、ダム建設を前提にして、そこに住んでいる人たちは、移転補償金をもらって、他所に移り住むことを考えていたので、いずれ家はダムの底に沈んでしまうからと修繕もせず、農地も荒れてきている。行政も、道路などはほとんど整備していない。そんな箇所をどうやって再建するかが、実は大きな問題だったのです。

地震の後、旧ダム予定地、水没予定地の振興計画を作りました。

しかし、やはり住宅が一番のネックでありました。家の手直しもしていない住民は、移転補償

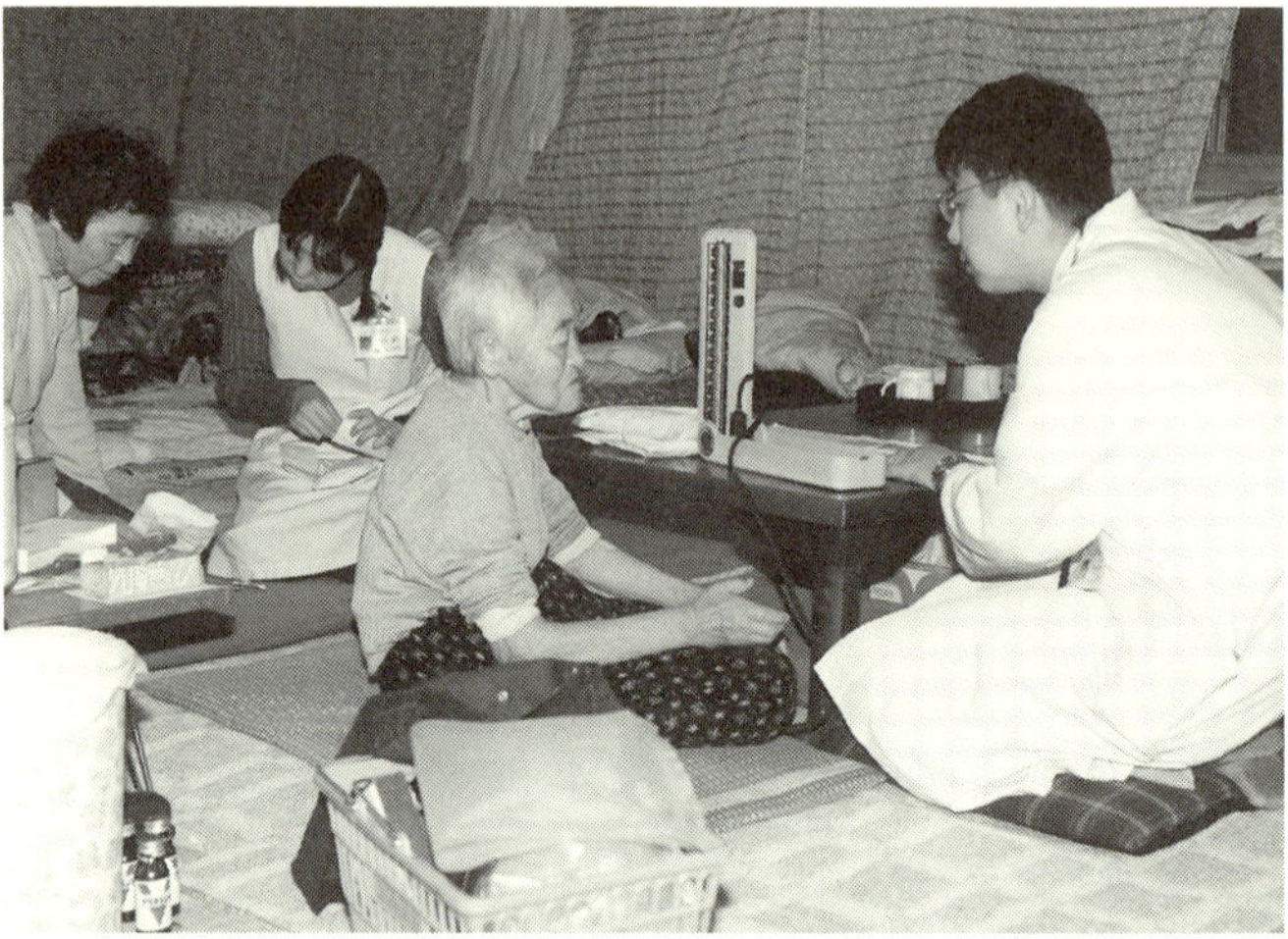

被災住民に対する巡回健康診断（日野町久住地区）

をもらう当てもなくなってしまいました。じゃぁどうしようか。

私は考えました。

「ダムで崩壊すると思っていた地域の皆さん、ぜひこれからも一緒に住み続けて下さい。そのために家を修繕したりする必要があると思いますから、それには支援します。建て替えたり大きな補修をする方には、三〇〇万円を限度に支援しましょう」

ということにしたのです。

ダムを造らずに地域振興　だんだんと手直しされていて、つい先だっても現地に行きますと、皆さんの表情が、非常に明るくなっておられました。

ダムを中止すると言った時、最初はずいぶん非難されました。

「怪しからん、何てことだ。ダムが出来ることを前提に、皆は生活設計、人生設計を立てているのに、ひどいじゃないか」

と、こっぴどく怒られました。

ダムを造らずに地域を振興する。一〇年も経ったら、ダムを造らなくてよかったといえるような村づくりを、皆さん、一緒にしようじゃありませんか。

そのためのお手伝いをします、ということで住宅再建の支援を申し出たのです。

そのダム予定地で、九六歳の寝たきりのお年寄りを、これもご高齢の奥さんが介護されているご家庭に行きましたら、

「知事さん、本当によかった。補助金で家もきれいに直すことが出来ました。これからもこのばあちゃんと一緒に、ここでずっと暮らしていきます。他所に移ることになっていたけれど、ダムが中止になって、昔からおった土地、家に住めるようになって」

と、改修された家の中を案内してもらいました。

居住環境こそ安心の源

これをみても、住宅というものが一番基本になっており、人の安心の源になっているんだなあ、と実感しました。

人間はどこに行っても、暮らせるとは限らない。必ずしもそうではないのですね。やっぱり住み慣れて安心できる所が、一番必要なんだなと。特にお年寄りにとっては。

普段はあまり気にも留めない、川のせせらぎや、鳥の鳴き声、風の音。

そういうものも大切なんだなぁ、とダム建設中止後の地域の再建と、地震の後の地域の復旧、この二つの事例でつくづくと感じました。

移転することは、居住環境がガラッと変わることで、人間関係も変わります。それまでの隣近所もなくなります。目に見える生活環境も変わるし、馴染みの商店も、散髪屋だって変わる。

そういうことがお年寄りにとって、堪え難いストレスになる。

居住選択は、安全・安心の大きな基礎となります。

それにつけても、人が生きる上で、第一番の源というのは、地域であり、その中にある住宅、そこに住み続けることが、いかに大切であるか、ということ。

このことが今回の地震災害を経験して、痛感した次第です。

時間がまいりました。今日はせっかくの機会をいただきましたから、居住がいかに大切であるかを、地震災害などを通じて皆さんに聞いていただきました。

ご清聴、ありがとうございました。

補論1　居住福祉と自治体の出来ること

片山　善博
村田　幸子

この章は片山知事の講演後行われたシンポジウムでの知事の発言を抜き出したものです。コーディネーターは村田幸子さん。

シンポジウムで司会する村田幸子氏

鳥取地震から居住福祉への道筋を考える

村田　今、片山知事の話を聞いていて、あぁ、今日のテーマは、もうすべて言い尽くされたなあ、これからシンポジウムでは、いったい何を話し合えばいいのか、と考え込んでしまったくらい、大変感動いたしました。

鳥取の地震からどのようにして、お年寄りに住まいを保障してきたのか、その考え方、それから、具体的な道筋を大変よく理解することが出来ました。なんと言いましても、最後に知事さんがおっしゃった、お年寄りや地域が明るくなった、やる気が出てきた、行政がこれだけやってくれるんだから、自分たちも頑張ろう、という気力が出てきたということに、非常に納得がいきましたし、わが身に置き換えて考えても、そういうことは実感出来た次第です。

鳥取県の片山知事さんが、私有財産である住宅に公的補助を出したということもあり、居住福祉推進フォーラムの第一回が、この鳥取県で開かれたのだと考えております。ただ居住福祉という言葉そのものが何を意味するのか、言葉自体もあまり馴染みのないものですし、もちろん『広辞苑』にも出ておりません。いったいどういう概念なのか、何を意味するのか、理解することは、今の段階では難しいような気がいたします。

先ほどの知事さんのお話しを伺って、私なりに理解できたのは、やはり安心して暮らせること、安心して住み続けられること、そのことを保障するのが、福祉の原点である。福祉の基本である。そういうような考え方なのだろうと、理解しました。

今、国の福祉政策は、まさに在宅福祉を推進するという方向ですが、在宅の宅、住まいそのものがきちんとしていなければ、いくら在宅福祉サービスをたくさん整えても、不可能になるわけですね。しかし、住まいというのは、先ほどから、さんざん出ていますように、個人の自助努力で用意すること、ましてや、高齢社会の老いの身を託する住まい、という観点、老いても住み続けられる住まい、ということへの観点が、大変薄かったように思います。

今日はこれから、鳥取県知事の片山さんとともに、いわゆる居住福祉への道筋を考えていきたいと思っております。

さて知事さん、知事さんご自身、ご自分がなさったことが、イコール居住福祉という概念だというお考えが、最初にあったわけではないんでしょうね。結果的にこうだった、ということなんでしょうか。

片　山　その頃、居住福祉という言葉も知りませんでした。大変失礼ですが、早川先生も存じ上げてなかったのです。その時は、本当に無我夢中でした。一番基本に置いたのは、当事者の皆さんを中心に考える。要するに行政は、すぐ役所の論理とか役所の都合で物事を考えがちになるのです。しかし、一番大切なのは被害を受けた、被災した方であります。その方がたにとって何が一番必要なのか、これを中心にものを考えようとしたのです。それが結局、住宅問題が一番大切であり、それが居住福祉につながるということになったんだろうと思います。役所は、ともすれば役所の論理に陥りがちになります。そこに気をつける、ということが一番だと思います。

お年寄り自身の気持ちを理解する

村　田　現場に行っていろいろな声を聞き、実態を見たことによって、お年寄りに住宅を保障するというのは、どういう意義があると実感されましたでしょうか。

片　山　私は現場に行って当事者の皆さんと、向かい合ってお話を聞くわけです。そうしますと、大体当事者の皆さんが、何を望んでおられるのか、何が一番不安なのかが分かるわけです。そこで、次のステップとして想像力が必要だろうと思うのです。

もし自分がそういう立場だったら、どう思うだろうか、何を願うだろうかということです。自分がもし七五歳の老人であって、かつ被害を受けていた人間だったら、どうしてもらいたいだろうか、と考えたわけです。その時に、やっぱり住み続けることを望むだろうな、と自分も思いました。それは、住み続けるということ、逆に言えば住み続けられなくなると、どういうことになるかと考えれば、およそ分かると思うのです。私は転居、今まで住みなれたところを離れるということは、すごいストレスだと思うのです。

お年寄りには、環境が変わるというのは、大変なことだと思います。となれば、環境を変えなくてもいいようにしてあげること。出来るだけ元通りに近い姿にしてあげる、これが災害復興の目標であるべきだと思うのです。

今、困っている人のための災害復興

片　山　ところが日本の場合は往々にして、この際いい町を作ろう、今までなかなか立ち退きもうまくいかなくて、都市計画も出来なかったけれど、この際全部倒れてしまったのだから、都市計画をやってしまおう、大きな道路を作ろうということになる。それはたぶん、将来の街づくりにとってはよいことかもしれませんが、今の困った人たちには、なんの役にも立たないし、むしろ害になるわけです。もちろん百年後の街づくりは考えなければいけないのでしょうが、それは平時の時に考えるべきです。普通の時に皆と相談して、合意形成をして、百年後の街づくりを考えるべきであって、皆が困って泣いている時に、どさくさに紛れて設計図を書いて百年後の計画をする。これはフェアではない。しかも被災者のためには、なんにもならない、邪魔なことにしかならないと思うのです。特に高齢の方は人生長いこと生きてきて、過去と現在と将来とあった場合には、過去の方が長いわけです。若い方は、将来の方が長いわけでしょうが、高齢の方は、過去と現在が生活の基盤になるわけです。その上に、将来の新しいことを少しずつ付け加える余力がある、そういうことだろうと思うのです。ところが生活の根拠をガラッと変えてしまう。不本意ながら、転居しなければいけないということになりますと、過去と現在が根こそぎなくなってしまう。これは本当に大きなストレスだろうと思います。普段は何気なく思っていること、普段そんなに価値があるとは思ってないこと、おそらく普段は見過ごしていると思うのです。風景とか小鳥の鳴き声だとか、山々の景色とか、界隈とか、日頃買い物する店だとか、そんなのはそんなに大したことではないと思っているのですが、なくしてみると、ああずいぶんそれは貴重なものだったんだなぁ、ということになると思います。

その中で、家もいろいろな過去と現在があるわけで、「柱の傷は……」と唱歌にもありますが、お兄さんが付けてくれたとか、背比べをしたとか、そんな柱の傷ひとつにだって、昔の思い出があるわけだし、庭の柿の木だって、ああそういえば子どもが小さい頃、柿の木によじ登っていたなぁ、っていう思い出が庭の木にはあるわけで、単なる柿の木ではないわけです。

過去と現在というのは本当にソフトの情報、記憶や思い出というものも一緒になって、混ざっているわけで、そんなものが全部目の前から失われてしまうというのは、私は高齢者の方にとっては、大変なストレスだろうと思います。

生身の人間の心を重視

片　山　行政は、普段そういうことは、あまり考えないのです。たとえば災害があって住宅が無くなった、じゃあ住める所を世話しようとなって、ハード中心、物中心に考えるわけです。そうすると何戸の住宅を用意すればいいだろう、そのためには予算はいくら掛かる、と。こういう計算をするわけで、一人ひとりがそこに住むであろう生身の人間の、思い出だとか心の中の気持ちだとか、そんなことにあまり頓着《とんちゃく》をしない。本来居住というのは、非常にソフトなものだろうと思うのです。単に、築後何年で、駅から何分という不動産屋の広告に出てるような、これはハード部分でありますが、そんなことだけではなく、プラスその人がそこに住んできた、また住まわっている上で、大切なソフトな部分を含んでいるのです。ソフトな部分は、メンタルなものを多く含んでいると思うのです。そういうことに気をつけなければいけないと思います。それをしないで、ハードだけを考えてやると、仮設住宅を何戸作ったから、全部で何人収容出来るなどとしか、考えられないわけです。

復興住宅を作ったから移って下さい、何戸あります、快適ですよ。こういうことになるのですが、そこに入った人は幸せかというと、必ずしもそうではなく、孤独と不安にさいなまれて、毎日悶々として、とうとう孤独死をしてしまった。場合によっては不幸にして、自殺をしてしまったということもあるのだろうと思います。

鳥取県の場合は、地震後の孤独死とか自殺は一件もありません。本当に知事としてもありがたいことだと思っています。それはなるべく現地に住み続けていただくことを基本に考えたことの、結果であったとすれば、本当によかったなと思います。

行政が考えなければいけないのは、単に災害後の住宅の問題だけではなく、地域づくりとか街づくりもそうだと思うのです。今まで高度成長の時代以来、日本はそれぞれの地域で新しいものをどんどん作って、古い物を壊してきたわけですが、やっとそのことの愚かしい面の認識が、最近になって出始めたのだと思うのです。古いものとか、歴史とか、伝統とか、行事とか、そういうものをやはり大切にした地域づくり、街づくりが必要だということを、私は痛切に感じるのです。それが、文化だろうと思うのです。文化というのは、人に安心感と安定感と、さらには活力を生みますが、そういうことの大切さというものを、私は行政の中で重視していきたいと思っております。いずれにせよ、とにかく継続、特に居住の継続性ということ、中でもお年寄りの場合、居住の継続性を、大切にしなければいけないと思っております。

村　田　知事は、住まいを保障しますよ、と言ったことが、最大のメンタルケアだったとおっしゃいました。本当に住まいは、人間の暮らしの根っこ、根っこだからこそ、そこに生えている、地に生えているものだということを、実感するのですね。お年寄りにとって特にそれが強いのでしょう。それと同時に根っこを取り巻く、地に生えているものを取り巻く、さまざまなものが必要になってくるということを感じます。

個人住宅への公的支援

村　田　次に、家屋に税金を注ぎ込むのはいかがなものか、という議論に移りたいと思います。果たして、自分のものである家に、公的なお金を注ぎ込むことを、今後どういうふうに考えていったらいいのか、認知出来るものなのか。やっぱりそれはおかしいのじゃないのかっていう、この辺の議論をしていきたいと思います。

知事さん、崩壊したお宅に、そこに住むということを条件に三〇〇万円まで保障するということに対して周りから、いくら倒壊したとはいえ、個人の家に、あの家だけに三〇〇万円払ってという意見は出ませんでしたか。

片山　ないことは、なかったと思います。今回の地震の被害は、鳥取県の西部地方に限っていたわけです。そうしますと、鳥取市は揺れましたが、被害は出ていないわけです。被害にあってない地域から、どうして住宅が壊れた人にだけ、そんなにお金を出すのですか、というような苦情が一部ありました。ですが今日、私が講演で申しましたようなことを何回か説明する過程で、ほとんど、鳥取県がやったことに対する批判は、なくなったように思います。私はそれは、程度にもよると思うのです。たとえば二、〇〇〇万円ぐらい出して、被害を受けた人には全部保障してあげましょうとなると、たぶん大きなブーイングが出たと思います。三〇〇万円という金額、これが妥当だったかどうか、いろんな意見があるでしょうが、私は三〇〇万円ぐらいの金額だったことが、合意を得るには適当な金額だったのではないかということぐらいですね。

仮設住宅を作っても、三〇〇万円、四〇〇万円かかるわけです。

鳥取県の場合には仮設住宅を極力作りませんでした。というのは、地域社会がしっかりしていましたから、被害を受けた皆さんも、たとえば遠縁の家に身を寄せるとか、隣り近所の被害の少ない所に身を寄せるということが可能だったのです。

仮設住宅が、まったく必要がなかったのではなく、二二戸作りました。あれだけ大きな住宅被害を受けたのですが、仮設住宅はたったの二二戸ですんだのです。通常であれば仮設住宅をたくさん作らなければならない。一戸当たり四〇〇万円くらいかかります。相当な財政支出をしているはずなのです。ところが、それを免れました。

なぜかというと、地域が非常に強かったからでした。それならば、震災でその地域社会が崩壊しようとしてるのを防ぐために、仮設住宅にかけなくてもよかった経費を、ある程度そういうところに注ぎ込んでもいいのじゃないか、そういう意味でのコンセンサスが私は出来たと思っています。

村田　先ほどの知事のお話ですと、別に私有財産に税金を注ぎ込んではいけない、という決まりはないんだとおっしゃいましたね。そうなのですか。

片山　ないのです。それは、今の霞が関の人たちも認識しました。そういう意味では、マインドコントロールが一部解けているのです。一〇月六日に地震があって、一〇月一七日に発表して、その時に、もういろんな軋轢《あつれき》があったことはご紹介しましたが、これじゃあ、ちょっと困ったなぁと思いました。そこで一〇月二〇日に、住宅再建支援に反対の霞が関の高級官僚の人を呼んで、現地を全部自分で案内したのです。被災地に行って被災者の皆さんにも会ってもらって、直接見てもらったのです。そうしましたら、それからは、非難がましいことは、もうほとんど言われなくなりました。

しばらく経ったら、本当にいいことをされましたね、という言葉をいただきました。年度末に、特別交付税という仕組みがあり、それぞれの都道府県、市町村の財政事情をみながら、今年はいろいろ物入りだったから、援助しましょうというのがあるのです。その時にかなり配慮してくれました。もちろんその時も、これは絶対に住宅支援のお金じゃありませんよ、と言ってこだわっていましたが、それでもかなり手厚い特別交付税をくれました。ですから私は、霞が関もだんだん変わってきたなあという気がしています。

居住福祉と自治体の役割

村　田　知事さん、今後は自治体にどういうことを期待されておられるのか、また自治体の役割をどう考えていけばいいのかについて、ご意見を聞かせてください。

片　山　居住福祉ということ、それと一体のことだと思いますが、生活の基盤である地域を守るというのは、自治体の大きな役割だと思うのです。県の役割でもありますが、一番は、やはり基礎的な自治体である市町村の役割だと思います。県と市町村が一緒になって守っていく。それを国が応援する。こういう構図が、一番望ましいと思うんです。今までの行政、これは自治体の行政も、国の行政でもそうなんですが、やっぱりちょっとずれたところがあって、供給者側の論理の方が優先している面が多いんですね。本来自分たちが作った自治体なのに、政策が自分たちの願いとずれているという、そういうもどかしさを感じてる所が多いと思うんです。

これからの自治体の役割というのは、住民の皆さんの願いと、自分たちがやろうとすることのズレをなくすことです。出来る限り、住民の要望とか願いとかを反映させる、不満を解消する、そういう視点の転換ということが必要だろうと思います。今までは国の方ばかり見て、国の方からいろんな法律が出て、通達も来て、補助金も流れてくる。全員が国の方を見ているわけですね。市町村も県を見ている。まさに供給者の方ばっかり見ているわけなんですね。

これからの地方分権の時代というのは、視点を逆にして現場を見る、当事者を見る、そこからニーズを組み上げる、そして実践する。こういうことにしなければいけないだろうと思うんです。

私がそのことをつくづく感じたのは、知事になって、鳥取県は、障害者福祉については大変遅れてますよという声をいろいろ耳にしたんですね。では、どういうやり方をしているのかと見てみますと、障害者福祉について考える審議会があって、そこで意見を聞くことになってるんですが、そこに出てくる人って、みんな団体の長ばっかりなんですね。なんとか協議会の会長、なんとか老人連合会の会長とかですね。すると皆がお年寄りの、おじいさんばっかりなんですね。障害者の当事者ってのはごくわずか。私は、やり方を変えました。障害者福祉のあり方を考えるならば、障害者の当人に出ていただいて、意見を聞くのが一番いいだろうということで、もう出来る限り当事者にしたんです。ただ、障害の種類とか程度によっては、当事者が出てこられないケースもありますから、その場合は家族の方とか、それから障害者の皆さんと一緒にいる施設のスタッフの皆さん、そういう方を中心として、意見を聞きました。すると、まるっきり違ってくるんですね。すっと全体が見えてくる。いま何が必要なのかってのが見えてくる。それを取り込めば、まったくズレがないとは言えませんが、かなりズレを解消することが出来る。やっぱり当事者が一番大切だなぁ、と思いました。これは、これから国も地方自治体も、心掛けないといけないと思いました。じゃあ、どうやってそういうズレのない自治体、ズレのない施策をやろうという姿勢を持つ自治体を作るかというと、先ほどからの話にありますように、それは、選挙によって自分たちの信頼できる代表を選ぶ。自分たちの信頼できる議会の議員を選ぶ。これが一番の早道だろうと思います。

市町村の議会の議員の選挙なんて、私たち関心ないわ、と言ってる方もおられますけど、それが一番いけないんですよ。やはり一票一票で自治体っていうのは形成されてるわけですから、自分たちが本当に信頼出来る人を選ぶ。私は、掛かりつけの議員さんを持ちましょうと言ってるんです。それは、風邪を引いたら信頼できる掛かりつけのお医者さんに掛かりますよね。信頼できるから行くんです。世の中にも社会にも病理現象は、いっぱいあるのです。自分たちの願いが全然行政に反映しない、税金を無駄遣いされているというのも、社会の病理現象ですから、その病理現象を治すには、やはりきちっとした専門の医者が必要なわけですね。これが掛かりつけの議員さんです。ですから、自分たちが信頼できる議員さんをきちっと選んで、四年間ちゃんと、よい意味で監視をして、自分たちの意見が行政に注入されるか、反映されているかをよく監視して、よければまた応援して選ぶ。駄目だったら落としてしまう。こういう掛かりつけの議員を皆が持てば、世の中がずいぶん変わってくるのではないかと私は思います。

柔軟な資金活用と住宅再建支援基金

片　山　早川先生なんかが、非常に悶々としながら、居住福祉の分野を切り拓いてこられた。その厳しい時代から、やっと光明が見えてきた時代に、だんだん変わってきたのではないかな、と私は思います。最近のことで言いますと、鳥取県は一年半前の経験を考えて、これからも、万が一また大災害が来るかもしれない、また地震が来るかもしれない、その時にも、やはり同じような地域を守るための住宅再建支援は、やる必要があるだろうと思うのです。ただ、その時に、本当に財政の余裕があるかどうかわかりません。そこで市町村と相談して、万が一災害が起こった時に備えて、今から蓄えましょうと基金を作ったんです。去年から始めて、一年で二億円ずつ、半分の一億円は県が、残りの一億円は三九市町村で一定の指標に基づいて、按分して収めて下さい、ということにして出来ました。これを二五年間蓄えると五〇億円になります。それでは足りませんが、何らかの元手にはなるだろうと、鳥取県被災住宅再建支援基金を作りました。

ついこの間、六月七日、私は衆議院の災害対策特別委員会の参考人として鳥取県がこれまでに行ってきた、住宅再建支援制度と基金制度について説明してきました。国会議員の先生方は、自民党から共産党の皆さんまで、誰ひとりとして、下らんことをしたとか、余計なことをしたという人はいませんでした。皆さんから評価してもらい、いいことをされましたね、これを国全体にするには、どうすればいいのか議論したい、とおっしゃっていました。ずいぶん変わってきたなと思いました。ただ、国の財務省とか、財政当局は、東京とか大阪なんかの大都会で被害が起きたら、いったいどれくらいの費用が掛かるかなどと、気が遠くなるに違いありませんね。ですから消極的でした。

消極的になる気持ちは、分かるのですが、でも私は、出来る限りのことをするという考え方でいれば、いいと思います。というのは、今でも税金の無駄遣いはいっぱいあるんです。たとえば今回のように、家が壊れて、なんとかしたいと思って、私は直接三〇〇万円を差し上げて、頑張って下さいという方策を取りましたが、政府の方はそういうことをやらない。今の補助制度がある。それをなんとか使おうとするんですね。すると、たとえば極端な話は、壊れた家の人を気の毒に思って、救ってあげようとして、そこに道路を通そうとするのです。道路を通すためにその人の用地を買収すれば、その人にお金が渡りますから、それでどこかに家を建ててくださいと。と言って本当はそんなに広い道路なんていらないのに、ある人たちを救うために、道路を通すのです。そういう無駄遣いあり、そのことによってものすごい膨大なお金が掛かってしまう。何でそんなことをするのかというと、道路を通すには、事業の制度があって、きちっと補助金が出る。ところが住宅を直そうとすると、補助金がないから出来ない。だから、膨大なお金が掛かる道路の方を選んでしまう。ですから、もう少し柔軟なお金の遣い道を考えれば、いろんな工夫が出来るんだろう、と私は思います。

村田　鳥取県西部地震で大きな被害を受け、その再建のために、居住を保障しようということで、公費を注ぎ込んだ。今回は、そんなことから第一回の居住福祉推進フォーラムが、ここ鳥取県で開かれました。知事さん、素晴らしいお話を本当に有難うございました。

※なおこのフォーラムを記念して、居住福祉推進フォーラム・鳥取宣言が採択された（次頁参照）。

第一回　居住福祉推進フォーラム・鳥取宣言

私たちはすべて、この日本という国に身を寄せて生きている。どこの町や村であれ、安全で安心して住みつづけられるのでなければ、私たちは生きていけない。「安心居住」は生存と暮らしの基盤であり、とりわけ高齢者にとって住み慣れた家と町は生きる希望である。

私たちは今日この鳥取で、多分野の専門家や市民の参加のもとに、阪神・淡路大震災、鳥取県西部地震、有珠山噴火災害の復興過程、「居住福祉」の意義などについて討論し、以下のことを明らかにした。

災害復興において、道路や橋が復旧しても住宅が再建されず住民がいなくなれば地域社会は崩壊する。それゆえ住宅は最も基本的な人間の生存と地域を支える資源であり公共財的性格を有する。健康的で安心できる住居がなければ地域福祉の推進や介護保険等のめざす在宅介護も困難である。居住に不安がなければ傷病やリストラなど一寸した生活上の事故でホームレスに陥ることも防げる。社会的予防医療、予防福祉の存在が今ほど必要なときはないが、その中心は居住の保障である。郵便局の「ひまわりサービス」なども、高齢者が安心して暮らすための居住福祉資源である。そして、居住福祉・居住保障の実現には、自治体や住民のはたす役割が大きい。

このフォーラムに集まったわたしたちは、居住の公的・社会的保障に政府、自治体、住民の関心が集まり、二十一世紀の日本が安心して生きることのできる「居住福祉社会」になることを願う。

平成十四年六月二十二日

第一回居住福祉推進フォーラム・鳥取

補論2　鳥取県西部地震災害における住宅再建・公的支援の意味※

浅井　秀子
熊谷　昌彦

被災地を視察するフォーラム参加者

1　はじめに

二〇〇〇年一〇月六日に発生したマグニチュード7・3の大規模な地震によって、鳥取県西部から島根県東部にかけて大きな被災を受けた。そこで鳥取県は、鳥取県西部地震により地域の崩壊の危機に直面した市町村に対して、全国に先駆けて被災者向け住宅復興補助金を交付し、地域の維持と再生に努めた。

鳥取県知事は、二〇〇〇年一〇月一七日、「中山間地域では高齢化率が高く、地域の被災者の人口・世帯流失を防ぐため、住宅再建こそが優先される」として、地震の被災者支援策に、全国で初めて公的な住宅復興補助支援策を打ち出した。

従来、住宅を失った被災者に対する公的支援は、被災直後の仮設住宅や復興後の復興公営住宅等に限られていた点を考えた時、画期的決断であった。

2　鳥取県における公的支援の意味

(1) 鳥取県における公的支援

鳥取県の住宅支援策で、全国的に注目されているのは「住宅復興補助金の交付」をはじめ六つある。全壊・半壊の区別なく、建替えの場合は三〇〇万円を限度に、補修の場合は一五〇万円を限度に、石垣・擁壁補修の場合は一五〇万円を限度に行うものであった。県負担以外の市町村と本人の負担割合は、市町村に委ねられていた。

さらに二〇〇一年に、住宅再建に最高三〇〇万円を支給する「住宅再建支援条例」が鳥取県議会で採択された。財源確保のため鳥取県と県内市町村が出資する「鳥取県住宅再建支援基金」を創設した。県と市町村で年一億円ずつ拠出し、二五年で五〇億円

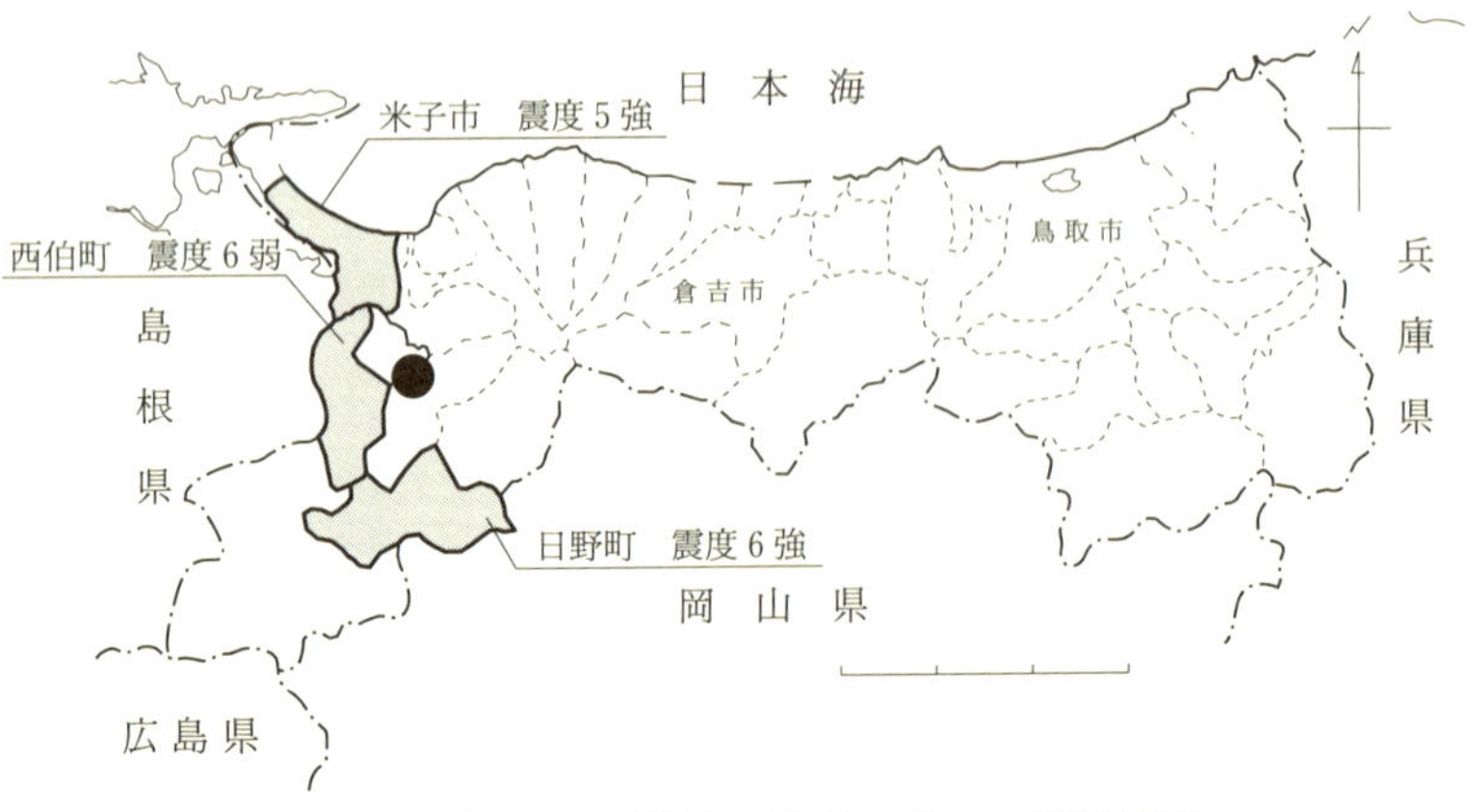

図１　鳥取県西部地震調査対象地（●印：震源位置）
（この地図に記載されている市町村名は2000年10月６日の地震当時のものである）

表1　住宅復興補助金制度概要

区　分	補助対象限度額	補助対象範囲	負担割合
建　設	300万円	住宅の新築、既存の住宅面積の5割以上の建替えまたは購入	県2/3、市町村1/3 ＊居住していた市町村内に建設・購入する場合に限る
補　修	150万円	住宅の補修、既存の住宅面積の5割未満の建替え	50万円以下：県1/2、市町村1/2 50万円〜150万円：県1/3、市町村1/3、自己負担1/3 ＊敷地内の浄化槽・給排水設備・電気設備・ガス設備の補修等を含む
液状化復旧	150万円	液状化によるものの基礎の復旧（地盤補強、住宅の整地等を含む）	50万円以下：県1/2、市町村1/2 50万円〜150万円：県1/3、市町村1/3、自己負担1/3
石垣関連	150万円	被災に係る面積のみ、なお従前の石垣等の復旧に要する工事費まで	県1/3、市町村1/3、自己負担1/3

を積み立てることとした。これに呼応する動きは他県に必ずしも波及していない。しかしながら鳥取県の動きは、阪神大震災以降の住宅再建をめぐる議論に一石を投じていると考える。

鳥取県が全国初の住宅復興補助制度として住宅再建に三〇〇万円の補助を行った背景には、被災地域の多くが高齢者率三〇%を超える中山間地に集中しており、生活基盤の再建に困難を生じている被災者が多く、個人の自助努力だけでは到底及ばない状態であったからである。

ただし、この制度のもう一方の負担者である市町村は、財政難に苦しむところも多く、全般的に被災が軽度であった市町村では、本人負担が生じており、市町村の対応に相違がある。しかし日野町では、建替えを県（三分の二）、町（三分の一）

で負担し、住宅補修も、県（三分の二）、町（三分の一）で負担する仕組みとなっており、本人負担がない。鳥取県全体からみても、公的支援が県と町の両方の協力のもと住民に行われた地域と言える。

（2）鳥取県西部地域の補助金交付状況

鳥取県西部地震住宅復興補助金調査（鳥取県住宅環境課、二〇〇二年九月三〇日現在）では、鳥取県内の全体申請件数が一三、八五四件で、建設四九八件（三・六%）、住宅補修一一、九二五件（八六・一%）、液状化二五八件（一・八%）、石垣補修一、一七三件（八・五%）である。全体的には、住宅補修が八割以上を占めている。被災の大きい日野町では、建設一一二件（七・〇%）、住宅補修一、〇五一件（六五・七%）、液状化〇件（〇%）、石垣補修四三七件（二七・三%）である。住宅補修が三分の二程度を占め、中山間地域であるため石垣補修が四分の一以上である。

市町村と県負担を合わせた支払い金額の割合は、全体として建設費一四・二%、住宅補修費七四・五%、液状化費三・〇%、石垣補修費八・三%である。日野町では、建設費一四・八%、住宅補修費六三・六%、液状化費〇%、石垣補修費二一・六%であり、住宅補修費と石垣補修費で八割以上を占める。件数と補助金支払い金額の両者からみて、補修が高い割合を占めていることが分かる。

（3）住民の定住意識と復興住宅の特徴

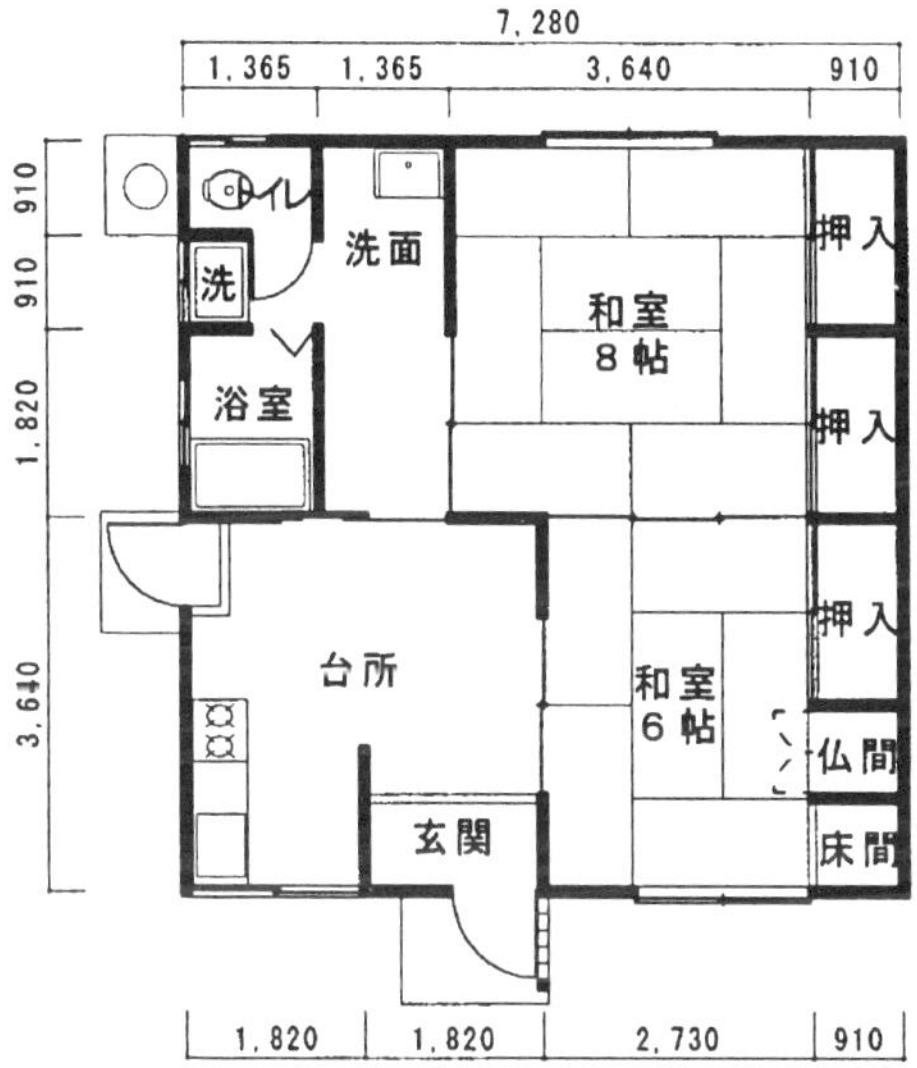

図１　日野町復興住宅平面図[1]

鳥取県で被害が甚大であった日野町と西伯町において、被害状況と住宅再建過程に関する意識調査を行った。調査時期は、日野町における地震後約半年後、約一年八カ月後の住民意識調査、西伯町における地震後約二年四カ月後の住民意識調査である。

その結果、日野町の半年後の調査では、「住み続けたい」等の意向が九割以上を占め、定住意識が高いことが読み取れる。一年八カ月後の日野町と二年四カ月後の西伯町の調査で、復興住宅と以前の住宅の実態調査からは、延べ床面積の変化と復興住宅建設の留意点について、特徴的な相違点がみられる。また復興住宅建替理由については、日野町では、「全壊のため修理不可能」が五二・三％と多く、次いで「公的支援が得られた」一五・九％を挙げている。西伯町では、「古い住宅で建替え時期にきていた」が四一・八％と多く、次に「全壊のため修理不可能」が二一・八％、「公的支援が得られた」が二〇・〇％を挙げている。

このようにみてみると、両町ともに復興住宅の建替の際の住民意識の中に、公的支援の意味が大いにあったことを示している。

3　鳥取県西部地域の震災前後の人口変動

鳥取県西部地域の二〇〇〇年と二〇〇二年の人口・世帯数を比べると、二〇〇〇年二四九、五五五人・八八、〇七九世帯、二〇〇二年二四九、七二八人・九〇、〇九一世帯で、人口・世帯数とも微増している。さらに市町村別にみると、自然減とみなせる町はあるが、人口が急減した市町村はない。したがって被災者の人口・世帯流出は防ぐことができたと考える。

表2　鳥取県西部地域市町村の震災後の人口・世帯数の推移

市町村名	2000年人口〔人〕	2002年人口〔人〕	2000年65歳以上人口比率〔%〕	2002年65歳以上人口比率〔%〕	2000年世帯数〔世帯〕	2002年世帯数〔世帯〕	2002年面積〔km^2〕
米子市	138,406	139,333	18.7	19.7	52,905	54,350	106.4
境港市	37,507	37,635	20.4	21.4	13,637	14,002	28.8
西伯町	8,212	8,256	26.1	26.9	2,430	2,492	83.1
会見町	4,122	4,145	24.2	24.7	1,108	1,138	31.0
岸本町	7,403	7,397	21.4	22.2	2,038	2,075	39.1
日吉津村	2,984	3,152	21.0	21.3	812	860	4.2
淀江町	9,259	9,165	23.0	24.2	2,790	2,822	25.8
大山町	7,063	6,913	26.5	27.6	1,890	1,896	84.4
名和町	7,731	7,562	28.6	30.3	2,304	2,310	45.0
中山町	5,443	5,336	27.6	28.5	1,460	1,470	60.3
日南町	7,113	5,895	38.2	40.1	2,400	2,354	340.9
日野町	4,666	4,489	32.1	34.0	1,582	1,562	134.0
江府町	4,161	4,064	31.8	33.8	1,210	1,189	124.7
溝口町	5,485	5,386	30.1	31.9	1,513	1,561	100.4
総計	249,555	249,728			88,079	90,091	1,208.1

(2000年、2002年人口・世帯数は住民基本台帳3月31日付。面積は2002年国土地理院25,000分1地形図基準)

4　まとめ

二〇〇四年一〇月二三日に発生した新潟県中越地震は、一九九五年の阪神大震災に匹敵するくらい甚大な被害を各地に及ぼした。被災者の多くは財産や仕事を失い、加えて住宅再建のめどが立たないような厳しい状況に置かれている。阪神大震災の教訓が生かされて、地区コミュニティ単位での仮設住宅入居や仮設住宅団地内への交流施設の設置等、新しい施策の展開がみられている。しかし現行の被災者住宅再建支援制度は、年収その他の理由により、支援制度から外れ、住宅の再建をあきらめざるを得ない被災者は少なからず存在している。

二〇〇四年に地震等の自然災害で「被災者住宅再建支援法」が適用された自治体のうち、独自の再建支援策として、建築費を支援対称に盛り込む場合や、世帯収入などによる支給制限も撤廃して適用を拡大するなど、この制度を補完する自治体が相次いだ。[2] 兵庫県が地震等の自然災害で被災した住宅の再建を目的に、二〇〇五年夏の導入を目指す独自の制度として、「住宅再建共済制度」がある。[3]

そのようにみてみると、鳥取県が全国に先駆けて行った公的支援は、画期的なものであり、十分に議論を尽くさない段階ではあったが、被災者にとっては有効な施策であったと言える。

二〇〇五年度の『防災白書』では、公助・共助・自助の三本柱を挙げ、国民一人ひとりにおいて「自ら守る」意識を高め、「減災」の備えを実践しようとしている。今後の方向性として、やはり国の住宅再建支援制度の抜本的改善を視野に入れた取り組みと、あわせて個人の自助努力としての住宅の耐震化を進める必要があると考える。国が住宅再建の公的支援を渋る理由の一つに、巨大災害が発生した場合、膨大な再建費用が発生し国家財政がもたない、ということがある。

しかし、国家財政が破綻するほどの無数の家屋が倒壊するという事態を招かないためにも、一部の自治体では、耐震診断や耐震改修に関する助成制度を独自に設けて、住宅の耐震補強を行って倒壊家屋の軽減に努めている。

一九九五年一二月に「建築物の耐震改修の促進に関する法律」が施行され、建築物の耐震改修促進のための措置が講じられた。しかし耐震補強は進んでいないのが現状で、その理由として一〇〇万円単位の費用負担を指摘する声も聞かれ、そのため耐震補強した家屋が被災した場合、補修費用の一部を行政が負担する仕組みの「耐震補強奨励制度」を提唱している専門家もいる。

このように考えてみると、住宅の耐震化と公的再建支援制度とは表裏一体であると言える。つまり日常的に住宅の管理（維持・補修）責任を果たしている住民には、住宅本体への公的支援を図るという連動型の支援制度の導入が検討されるべきではなかろうか。

注

(1) この平面は、黒坂地区の世帯主七〇代で、被害状況は全壊と診断された住宅である。工事金額が七〇〇万円弱（三〇〇万円含）で、典型的な公的支援を使った高齢者世帯における復興住宅の例である。

(2) 二〇〇四年に地震等の自然災害で「被災者住宅再建支援法」が適用された一三府県（新潟県・岐阜県・福井県・静岡県・三重県・京都府・兵庫県・岡山県・広島県・徳島県・香川県・愛媛県・佐賀県）のうち、九府県（新潟県・岐阜県・福井県・三重県・京都府・兵庫県・広島県・徳島県・愛媛県）が独自の再建支援策を実施した。そのうち七府県（新潟県・岐阜県・福井県・三重県・京都府・兵庫県・徳島県）が建築費を支援対象に盛り込んでいる。福井県・京都府・徳島県の三府県では、世帯収入などによる支給制限も撤廃して適用を拡大する等、この制度を補完する自治体が相次いだ。

（3）http://www.pref.hyougo.jp/hukkou/kyosai/

『兵庫県被災者住宅再建支援制度（仮称）創設に係る最終報告』兵庫県被災者住宅再建支援制度調査会

この報告書は、二〇〇五年一月一三日に兵庫県知事に提出された。兵庫県は二月県議会に条例案として提出し、新年度からの制度化を目指している。この制度の概要は、全壊家屋の再建時に六〇〇万円、半壊補修時に一〇〇万円、再建や補修を行わない場合は一〇万円を給付する等というものである。そして住宅一戸当たり月約五〇〇円程度の定額掛け金で、加入方法は任意加入で兵庫県独自の事業として事務手続きの簡素化も図ろうとしている。

※補論2のタイトルは、本書収録にあたり、初出時より簡略化してある。

「居住福祉ブックレット」刊行予定

☆既刊、以下続刊（刊行順不同、書名は仮題を含む）

☆1 居住福祉資源発見の旅	早川　和男（長崎総合科学大学教授）
☆2 どこへ行く住宅政策	本間　義人（法政大学教授）
☆3 漢字の語源にみる居住福祉の思想	李　　桓（長崎総合科学大学助教授）
☆4 日本の居住政策と障害をもつ人	大本　圭野（東京経済大学教授）
☆5 障害者・高齢者と麦の郷のこころ	伊藤静美・田中秀樹他（麦の郷）
☆6 地場工務店とともに	山本　里見（全国健康住宅サミット会長）
☆7 子どもの道くさ	水月　昭道（立命館大学研究員）
☆8 居住福祉法学の構想	吉田　邦彦（北海道大学教授）
☆9 奈良町《ならまち》の暮らしと福祉	黒田睦子（社奈良まちづくりセンター副理事長）
☆10精神科医がめざす近隣力再建	中澤正夫（精神科医）
☆11住むことは生きること	片山　善博（鳥取県知事）
12世界の借家人運動	高島　一夫（日本借地借家人連合）
13地域から発信する居住福祉	野口　定久（日本福祉大学教授）
14ウトロで居住の権利を闘う	斎藤　正樹＋ウトロ住民
15居住の権利－世界人権規約の視点から	熊野　勝之（弁護士）
16シックハウスへの逃戦－企業の取り組み	後藤三郎・迎田允武（健康住宅研究会）
17スウエーデンのシックハウス対策	早川　潤一（中部学院大学助教授）
18ホームレスから日本を見れば	ありむら潜（釜ヶ崎のまち再生フォーラム）
19私が目指した鷹巣町の居住福祉	岩川　　徹（前秋田県鷹巣町長）
20沢内村の福祉活動－これまでとこれから	高橋　典成（ワークステーション湯田・沢内）
21農山漁村の居住福祉資源	上村　　一（社会教育家・建築家）
22中山間地域と高齢者の住まい	金山　隆一（地域計画総合研究所長）
23居住福祉とジャーナリズム	神野　武美（朝日新聞記者）
24包括医療の時代－役割と実践例	坂本　敦司（自治医科大学教授）他
25健康と住居	入江　建久（新潟医療福祉大教授）
26居住福祉学への誘い	日本居住福祉学会編

（以下続刊）

著者紹介

片山　善博（かたやま　よしひろ）

昭和26年生まれ。東京大学法学部卒業。昭和49年に自治省に入省し、昭和55年に鳥取県地方課長、翌昭和56年財政課長、自治省地域政策課課長補佐、自治大臣秘書官、自治省国際交流企画官などを経て平成4年鳥取県総務部長。平成7年自治省固定資産税課長、自治省県税課長を歴任後、平成10年12月に自治省を退職。

平成11年4月に鳥取県知事に当選。平成15年4月再選。

平成12年10月の鳥取県西部地震に際して、全国で初めて住宅再建に対する公的補助を行う。

協力執筆者

村田　幸子（むらた　さちこ）
　NHK解説委員をへて現在福祉ジャーナリスト

浅井　秀子（あさい　ひでこ）
　鳥取短期大学生活学科助教授

熊谷　昌彦（くまがい　まさひこ）
　米子工業高等専門学校建築学科教授

（居住福祉ブックレット11）

住むことは生きること：鳥取県西部地震と住宅再建支援

2006年10月5日　　初　版　第1刷発行　　（検印省略）

＊定価は裏表紙に表示してあります

著者©片山善博　装幀 桂川潤　発行者 下田勝司　印刷・製本 中央精版印刷

東京都文京区向丘1-20-6　郵便振替00110-6-37828

〒113-0023　TEL(03)3818-5521㈹　FAX(03)3818-5514　発行所 株式会社 東信堂

E-mail：tk203444@fsinet.or.jp

Published by TOSHINDO PUBLISHING CO., LTD.

1-20-6, Mukougaoka, Bunkyo-ku, Tokyo, 113-0023, Japan

http://www.toshindo-pub.com/

ISBN4-88713-711-7 C3336　©Y. KATAYAMA

「居住福祉ブックレット」刊行に際して

安全で安心できる居住は、人間生存の基盤であり、健康や福祉や社会の基礎であり、基本的人権であるという趣旨の「居住福祉」に関わる様々のテーマと視点──理論、思想、実践、ノウハウ、その他から、レベルは高度に保ちながら、多面的、具体的にやさしく述べ、研究者、市民、学生、行政官、実務家等に供するものです。高校生や市民の学習活動にも使われることを期待しています。単なる専門知識の開陳や研究成果の発表や実践報告、紹介等でなく、それらを前提にしながら、上記趣旨に関して、今一番社会に向かって言わねばならないことを本ブックレットに凝集していく予定です。

2006年3月

日本居住福祉学会
株式会社　東信堂

日本居住福祉学会のご案内

〔趣　　旨〕

人はすべてこの地球上で生きています。安心できる「居住」は生存・生活・福祉の基礎であり、基本的人権です。私たちの住む住居、居住地、地域、都市、農山漁村、国土などの居住環境そのものが、人々の安全で安心して生き、暮らす基盤に他なりません。

本学会は、「健康・福祉・文化環境」として子孫に受け継がれていく「居住福祉社会」の実現に必要な諸条件を、研究者、専門家、市民、行政等がともに調査研究し、これに資することを目的とします。

〔活動方針〕

(1)居住の現実から「住むこと」の意義を調査研究します。

(2)社会における様々な居住をめぐる問題の実態や「居住の権利」「居住福祉」実現に努力する地域を現地に訪ね、住民との交流を通じて、人権、生活、福祉、健康、発達、文化、社会環境等としての居住の条件とそれを可能にする居住福祉政策、まちづくりの実践等について調査研究します。

(3)国際的な居住福祉に関わる制度、政策、国民的取り組み等を調査研究し、連携します。

(4)居住福祉にかかわる諸課題の解決に向け、調査研究の成果を行政改革や政策形成に反映させるように努めます。

学会事務局

〒466－8666　名古屋市昭和区八事本町101－2
中京大学　総合政策学部
岡本研究室気付
TEL　052－835－7652
FAX　052－835－7197
E-mail：yokamoto@mecl.chukyo-u.ac.jp